stockholm

holm

foto & design :
DINO SASSI
text : Bengt Kyhle

sa-mar ab stockholm

 SVENSKA

 ENGLISH

"Mälardrottningen", "Nordens Venedig", "Staden som flyter på vattnet" ...många är smeknamnen som Stockholm fått för att framhålla dess förledande skönhet och i många sammanhang verkligt inspirerande charm.

Staden, som är drygt 700 år gammal, var ursprungligen en handelsstad, som dock snart levde en metropols intensiva liv och blev en traditionsrik stad i händelsernas centrum. I sanning en viktig port ut mot de för oss nu öppnade handelsmarknaderna i Europa.

Stockholm grundades enligt eniga historiker av Birger Jarl, en ryktbar, nationell ledare, som befäste en liten holme belägen vid Mälarens utlopp i Saltsjön och därigenom skapande en hart när ointaglig fästning... ett gott lås för den mycket rika mellansvenska bygden runt Mälarens bördiga stränder.

Stockholm är byggt på rätt många större malmar runt om "Gamla Stan". Dess skönhet framhävs på ett markant sätt av dess många, vackra vattenvägar, och de ljuvliga grönområden som t.ex. Djurgården, som för åtskilliga sekler sedan utnyttjades för råddjursjakt av våra dåvarande Konungar, men nu är ett underbart strövområde bl.a. berömt för sitt magnifika ekbestånd.

Här finns även Skansen, med rätta nog så berömda naturmuseum med gamla byggnader och redskap från Sveriges alla hörn, och en verklig uppsättning djur från världens olika delar. Vi får ej heller glömma bort vårt nöjesfält "Gröna Lund".

I innerstaden finns oaser som Vasaparken, Humlegården och i hjärtat av City... Kungsträdgården, allas mötesplats med dess restauranger, kiosker och musikunderhållning. Vintertid finns här möjlighet för alla att taga sig en åktur uppå stålskodd fot. Vi vill även påmina om vår underbart vackra skärgård, där vi jäktade nutidsmänniskor på dess drygt 25.000 öar och kobbar kan få den avkoppling vi alla så väl behöver.

Stockholm är, liksom Rom, byggt på kullar. Turisten har från Söders dominerande höjder en sagolik vy ut över den övriga delen av Staden. Norrmalms profil är helt ändrad. Brunkebergsåsen, där för nära 500 år sedan då Danskarna under Kristian I besegrades av Sten Sture d.ä., är nästan helt bortschaktad och har lämnat plats åt Citys nya höghus, bankpalats m.m.

Sju seklers tradition och historiska vingslag har givit Staden något ni läsare får som ett oförglömligt minne från denna vackra, leende och vänliga stad.

"The Queen of Lake Mälaren", "The Venice of the North", "The City which Floats on the Water" ...just a garland of names suits the, Royal' Capital of the Kingdom of Sweden to enhance its reputation for enticing charm and inspiring beauty.

Its underbroken tradition, its position on the water, its surrounding heights witness the circumstance that, this splended town was always in the centre of events and still leads the pulsating life of a metropolis.

Stockholm is a medieval city founded according to unanimous historians by Birger Jarl, a famous national leader who fortified the islet located at the outlet of Lake Mälaren in the Baltic, thus creating a mighty, impregnable fortress.

The capital is built on innumerable island and islets floating on large bodies of water. Stockholms beauty is emphatically underlined by stream and creeks and bays, by grees open spaces such as Djurgården, the old royal deer-hunting park as with its famous oaks, by central parks as Vasaparken, Kungsträdgården and Humlegården, the old hop garden of bygone times. Finally not to forget the large Baltic archipelago with its some 25,000 islands, an ideal retreat for a relaxed week-end in this modern time of mechanized hurry.

Like ancient Rome, Stockholms is built on hills. The sightseer has a supreme breathtaking view from the dominant heights of Södermalm all over the nothern area. In central Stockholm, the remnants of the Brunkeberg ridge which in times passed towered above Lower Norrmalm are now cut away to make room for huge skyscrapers of the nucleus.

However, the historical tradition of seven centuries has lent a distinct touch to the capital of Sweden, and the readers of this photo guide will gain the extraordinary unforgettable sensation this nice and friendly town with its kindly smile might inspire.

Good luck all of you on your way through the heart of the country. Have a pleasant time!

"Die Königin des Mälaren-Sees", "Venedig des Nordens", "Die Stadt auf dem Wasser" ...diese sind nur einige der Namen der "Königlichen" Hauptstadt des Königreichs Schweden, die dazu beitragen, den verführerischen Zauber und die reizende Schönheit dieser Stadt hervorzuheben.

Die ununterbrochene Tradition, ihre Lage auf dem Wasser und die hügelige Umgebungslandschaft beweisen, daß diese herrliche Stadt schon in der Vergangenheit Mittelpunkt geschichtlicher Ereignisse war und auch heute noch den eifrigen Lebensrhythmus einer Großstadt hat.

Stockholm ist eine mittelalterliche Stadt, die nach einstimmigen historischen Quellen von Birger Jarl gegründet wurde. Jarl, ein berühmter Volksleader, befestigte die kleine Insel an der Mündung des Mälaren-Sees in die Ostsee und schuf somit eine machtvolle Festung.

Die Hauptstadt ist auf unzähligen größeren und kleineren Inseln gebaut. Wasserläufe, Flüsse und Buchten betonen die Schönheit dieser Stadt. Grüne Wiesenflächen wie Djurgården, der alte königliche Park für die Hirschjagd mit den berühmten Eichen, und zentrale Parks wie Vasaparken, Kungsträdgården und Humlegården, der alte Hopfengarten vergangener Zeiten, verleihen dieser wunderbaren Stadt einzigartige Ausblicke. Und endlich das große Inselmeer der Ostsee, mit den rund 25.000 Inseln; ein idealer Zufluchtsort für ein ruhiges Wochenende in dieser modernen und hastigen Zeit.

Wie das alte Rom, wurde auch Stockholm auf Hügeln gebaut. Aus den überragenden Höhen von Södermalm genießt man eine herrliche und weite Aussicht über die ganze nördliche Gegend. In der Stadtmitte wurden nun die Reste der Brunkeberg-Gipfel, die sich einst über die niedere Norrmalm erhoben, abgerissen, um den hohen Wolkenkratzern des Zentrums Platz zu machen. Die geschichtliche Tradition von sieben Jahrhunderten hat der Hauptstadt Schwedens eine besondere Atmosphäre verliehen: Die Besucher werden einen außerordentlichen Eindruck dieser schönen und freundlichen Stadt gewinnen, ein Bild das sie auch in Zukunft schwer vergessen werden können.

Euch allen viel Freude beim Besuch unserer schönen Stadt! Wir wünschen einen angenehmen Aufenthalt!

"La Reine du Lac Mälaren", "La Venise du Nord", "La Ville qui Flotte sur l'Eau" ...c'est une guirlande de noms qui conviennent bien à la Capitale du Royaume de Suède et qui donnent une plus grande valeur à sa renommée de ville belle et pleine de charme.

Sa tradition intacte, sa position sur l'eau, ses sommets environnants attestent la circonstance que cette ville magnifique a toujours été au centre des évènements et quelle mène toujours la vie palpitante d'une métropole.

Stockholm est une ville médiévale fondée, d'après les historiens à l'unanimité, par Birger Jarl, un chef national célèbre qui fortifia l'îlot situé au débouché du Lac Mälaren dans la mer Baltique, créant ainsi un puissant château fort.

La capitale est construite sur une infinité d'îles et d'îlots qui flottent sur une grande masse d'eau. La beauté de Stockholm est fort bien mise en valeur par des cours d'eau, des anses et des baies, par des grandes étendues vertes comme Djurgården, l'ancien parc royal aux chênes célèbres qui servait pour la chasse au cerf, par les parcs centraux comme Vasaparken, Kungsträdgården et Humlegården, le vieux jardin d'houblon d'autrefois. En dernier lieu, n'oublions pas le vaste archipel Baltique avec ses 25.000 îles environ qui sont un refuge idéal pour un week-end de repos dans cette époque moderne de hâte mécanisée.

Comme la Rome antique, Stockholm est construite sur des collines. Le touriste a une vue à couper le souffle des hauteurs principales de Södermalm sur tout le secteur septentrional. Dans le centre de Stockholm, les restes de la ligne du Brunkeberg qui dans le passé dominait de très haut le Norrmalm inférieur, ont été maintenant réduits pour faire place aux énormes gratte-ciel du centre. Néanmoins, sept siècles de tradition et d'histoire ont donné à la capitale de la Suède une empreinte marquée.

Bonne chance à vous tous pour vos excursions à travers la ville et amusez-vous bien!

STOCKHOLM

Utarbetad och utgiven av
STOCKHOLMS TURISTTRAFIKFÖRBUND
Sverigehuset, Hamngatan 27
Box 7542, 103 93 Stockholm. Tel 22 32 80

*

Kartografi: Dr. H. Mietzner, Stallarholmen

*

1:15 000·

0	250	500	750	1000 m

- –Ⓣ– T-bana med station
- ····Ⓣ··· T-bana under byggnad
- TAXI — Taxistation
- WC — Offentlig toalett
- Ⓢ — Sightseeing
- Upplysningsbyrå

- 🅿 Parkeringsplats (parkeringstid minst 4 tim.)
- 🅿 Parkeringshus
- ⱱ Post
- ℹ öppen hela året
- ℹ öppen sommartid

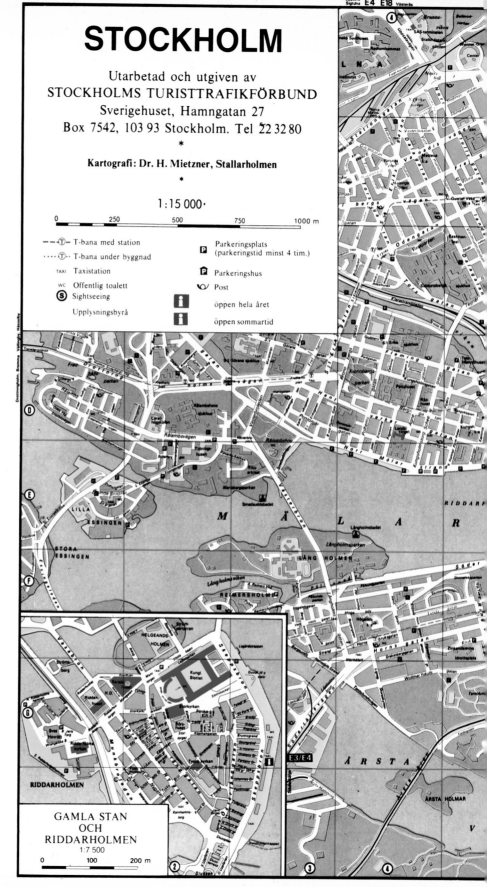

GAMLA STAN
OCH
RIDDARHOLMEN
1:7 500

0	100	200 m

Vy över Riddarholmen (Adels-
männens ö) tagen från Stadshus-
trädgården.

A panorama of Riddarholmen (the
Islands of the Knights) viewed from
the City Hall garden.

Blick auf Riddarholmen
(die Ritterinsel)
aus dem Garten der Stadthalle.

Un panorama de Riddarholmen (l'Ile
des Chevaliers) vue du jardin de
l'Hotel de Ville.

Västerlånggatan med dess myllrande folkliv. En livlig affärsgata, men med medeltida traditioner och charm.

Västerlånggatan, the crowded business street, combines the busy rush of present-day life with the peculiar charm and tradition of the Old Town.

Västerlånggatan, die wimmelnde Hauptgeschäftsstraße: hier finden wir zugleich die hastige Emsigkeit der heutigen Welt und den verführerischen Reiz, die Tradition der Altstadt.

Västerlånggatan, la rue commerciale pleine de monde, joint le rythme effréné de la vie moderne au charme et aux traditions particulières de la Vieille Ville.

Mårten Trotzigs gränd är Gamla Stadens i särklass smalaste gränd, inte fullt en meter bred.

Mårten Trotzigs gränd, a nice narrow alley in the heart of the Old Town, is only a yard wide.

Mårten Trotzigs gränd, ein kleines anmutiges Gäßchen im Herzen der Altstadt, das nur ein Yard breit ist.

Mårten Trotzigs gränd, une charmante ruelle étroite dans le cœur de la Vieille Ville : elle a moins qu'un mètre de large.

Träsnidaren Bernt Notke från Lübeck, skaparen av den verligt förnäma skulpturen "S:t Göran och Draken" som nu smyckar Storkyrkan, belägen vid Kungliga Slottet.

The wood-carver Bernt Notke of Lübeck is the brilliant creator of the masterpiece, "St. George and the Dragon" adorning Storkyrkan, the Great Church near the Royal Castle.

Der Holzschnitzer Bernt Notke aus Lübeck ist der hervorragende Schöpfer des Meisterwerks "St. Georg und der Drachen", das sich in Storkyrkan, der großen Kirche in der Nähe des königlichen Schloßes, befindet.

Le sculpteur sur bois Bernt Notke de Lübeck est le brillant créateur du chef-d'œuvre "Saint Georges et le Dragon" qui orne Storkyrkan, la Grande Eglise près du Château Royal.

Små kullerstensbelagda gränder med mystiska valvbågar och Stortorget i "Gamla Staden", där vi ser en sällsam blandning av magnifika, offentliga byggnader och dåtidens, ovanligt vackert ornamenterade patricierbostäder och affärshus.

Intriguing valuts, cobbled alleys and the historic Stortorget in the Old Town where monumental austere governmental buildings strangely alternate with old-fashioned dwelling-houses and business premises.

Zauberhafte Gewölbe, Alleen aus Pflasterstein und das historische Stortoget in der Altstadt, wo wir seltsamerweise abwechwelnd strengen Regierungsgebäuden, altmodischen Wohnhäusern und modernen Geschäftszentren begegnen.

Des voûtes fascinantes, des rues pavées et l'historique Stortorget dans la Vieille Ville, où des édifices gouvernementaux grandioses et sévères sont alternés d'une façon curieuse avec des anciennes maisons d'habitation et des locaux commerciaux.

Stortorget, medeltida skådeplats för Stockholms blodbad, med Börshuset.
På krönet av Slottsbacken ses Sankt Nicolaus, Stockholms mycket anrika
och vackra katedral, kallad Storkyrkan, nära granne till Kungliga Slottet.

En telefonkiosk av
gammal, fin årgång.

Stortorget, the Great Square, also houses the Stock Exchange building. On top of
Slottsbacken, the Castic Hill, we find the facade of Stockholm's cathedral,
St. Nicholas' church, usually named Storkyrkan.

A public call-box
of good old vintage.

Stortoget, der große Platz, wo sich auch das Börsengebäude befindet. Auf
der Spitze von Slottsbacken, dem Schloßhügel, bewundern wir die Fassade
der Kathedrale Stockholms, der Kirche von St. Nikolaus, gewöhnlich auch
Storkyrkan genannt.

Eine öffentliche
Telefonzelle guter
alter Zeiten.

Stortorget, la Grande Place, et l'édifice de la Bourse des valeurs. Au
sommet de Slottsbacken, la Colline du Château, on peut admirer la façade
de la cathédrale de Stockholm, l'église de Saint Nicolas, habituellement
appelée Storkyrkan.

Une cabine
téléphonique
publique, d'une bien
vieille époque.

Gamla Stadens vackra silhuett avtecknar sig mot Stockholms norra delar med deras nya höghus och gamla kyrkor.

Die Silhouette der Altstadt. Im Hintergrund: der Nördliche Teil Stockholms.

The silhouette of the Old Town outlined against Northern Stockholm.

La silhouette de la Vieille Ville se profilant contre le Nord de Stockholm.

Här ser vi Obelisken, stående på Slottsbackens krön,
bevakande Kungliga Slottets södra fasad. Skulpturen är ett
verk av fransmannen Louis Jean Desprez.

The Obelisk on top of the Castle Hill, a guardian of the
Southern facade of the Royal Castle. This sculpture-work
emanates from Louis Jean Desprez.

Der Obelisk auf der Spitze des Schloßhügels, ein Wächter
der südlichen Fassade des königlichen Schloßes. Diese
Skulptur stammt von Louis Jean Desprez.

L'Obélisque au sommet de la Colline du Château, un
gardien de la façade Sud du Château Royal.
Cette sculpture est une œuvre de Louis Jean Deprez.

En verkligt betagande bild av Slottet med Logårdsterrassen badande i kvällsbelysning.

A charming picture of the Royal Castle: the terrace facing Logården illuminated by evening lights.

Ein ammutiges Bild des königlichen Schloßes: die Terrasse von Logården im Abendlicht.

Une image charmante du Château Royal : la terrasse du côté de Lo-gården illuminée par les lumières du soir.

Här råder alltid feststämning när vaktparaden kommer och vaktavlösningen äger rum på den yttre borggården.

There is always an air of festivity when the Changing of the Guards takes place at the Outer Courtyard of the Royal Castle.

Bei der Wachablösung auf dem Hof des Königlichen Schloßes herrscht immer eine feierliche Atmosphäre.

Il y a toujours un air de fête lorsque la Relève de la Garde a lieu dans la Cour Extérieure du Château Royal.

Foto: Gösta Glase

Regeringens sammankomster äger alltid rum i den praktfulla konseljsalen, endast ett av närmare tusen rum i denna kolossala byggnad.

The meetings of the Cabinet take place in the splended Council Chamber. This is only one of nearly one thousand rooms in the vast castle block.

Im Beratungszimmer, eines der fast Tausend Zimmer des großen Schloßgebäudes, werden die Sitzungen des Kabinetts gehalten.

Les séances du Cabinet ont lieu dans la très belle Salle du Conseil. Ce n'est qu'une des presque mille chambres dans le vaste paté du Château.

Här ser vi Kungafamiljens nuvarande bostad, Slottet Drottningholm på Lovön vid Mälaren. Ett verkligt vackert residens med förnämlig Slottspark och ett lugnt läge i en verkligt idyllisk miljö på lagom avstånd från storstadens jäkt, avgaser, buller och alla andra obehag inne i Staden.

The idyllic Drottningholm castle at Lovön not far deom Stockholm is here mirrored in the paceful surface of Lake Mälaren.
The castle is the new home of the royal family dislodged from central Stockholm by exhausts, noise and other sources of annoyance connected with urban life.

Im stillen Mälaren-See spiegelt sich das idyllische Schloß Drottningholm, das bei Lovön, nicht weit entfernt von Stockholm, liegt. Das Schloß ist der neue Sitz der königlichen Familie, die wegen der schmutzigen Luft, des Lärms und anderer Störungsquellen das Zentrum von Stockholm verlassen hat.

L'idyllique château de Drottningholm à Lovön, localité proche de Stockholm, se reflète içi dans la surface calme du Lac Mälaren. Le château est la nouvelle résidence de la famille royale qui s'est éloignée du centre de Stockholm à cause des gaz d'échappement, du bruit et d'autres raisons de mécontentement associés à la vie urbaine.

Svenska Kungliga
Familjen på
Solliden.

The Swedish Royal
Family at Solliden.

Die Schwedische
Königliche Familie
in Solliden.

La Famille Royale
Svédaise à Solliden

Foto: Anders Holmström

Från Stadshusets mäktiga torn har vi en god överblick över de många vita båtar som trafikerar Mälaren och kan ta oss t.ex. med till Birka, Mariefred och Strängnäs. I förgrunden ser vi den mycket välkända statyn S:t Göran och Draken.

From the City Hall tower you have a fine view of all the white steamers riding at anchor close to the Tegel-backen embankment. In the foreground a statue of St. George and the Dragon.

Aus dem Stadthallenturm genießt man einen schönen Ausblick auf all den weißen Dampfern, die in der Nähe des Tegelbacken Kai verankert sind. Im Vordergrund: eine Statue von "St. Georg und dem Drachen".

De la tour de l'Hôtel de Ville vous avez une belle vue de tous les bateaux à vapeur blancs qui sont à l'ancre au quai Tegelbacken. Au premier plan une statue de Saint Georges et le Dragon.

Centralstationen,
verkligen placerad n
hjärtat av Stockholm
och nås lätt med bil
buss och tunnelbana

Gallerian, Stockholm
nya köpcentrum mitt
hjärtat av City.
Butikerna är till störs
delen samlade unde
jord.

Sergels Torg med
Kulturhuset och den
praktfulla fontänen.

The Central Station is
about equidistant fror
all main sectors of the
capital.

Indoor views of the
Galleria, new
commercial centre o
Lower Norrmalm.

Sergels Square with
Kulturhuset and its
splendid fountains.

Der Hauptbahnhof lieg
von allen wichtigsten
Vierteln der Stadt
gleichweit entfernt.

Das Innere der Galleria
ein neuer
Geschäftszentrum der
niederen Norrmalm.

Sergels Platz mit
Kulturhuset und seinen
herrlichen Brunnen.

La Gare Centrale est à
peu près équidistante
de toutes les zones
principales de la
capitale.

Vues intérieures de la
Galleria, nouveau
centre commercial du
Norrmalm inférieur.

Place Sergels avec
Kulturhuset et ses
splendides fontaines.

"Kristall", en sagolik stål och glas
konstruktion signerad Edvin Öhrström. En
fontän, 38 m hög, som upplyser Sergels torg
och riksdagshuset.

"Crystal", an almost 38 meters high
glass and steel construction designed
by Edvin Öhrström.

"Kristall", ein fast 38 Meter hoher, aus
Glas und Stahl bestehender Bau, entworfen
von Edwin Öhrström.

"Cristal" une construction en verre et en
acier d'à peu près 38 mètres de haut,
projeté par Edvin Öhrström.

Drottninggatan, en av Stockholms mest
kända stråk med butiker och varuhus.

Drottninggatan, one of Stockholm's most
fashionable street.

Drottningatan, eine der elegantesten
Straßen Stockholms.

Drottningatan, une des rues plus en
vogue de Stockholm.

Riddarhuset, som uppfördes på uppdrag av Gustav II Adolf under mitten av
1600-talet. I dess stora sal finns ca 2 000 vapensköldar uppsatta, en komplett
samling över Sveriges adelssläkter.

The House of Nobility, built in the midseventeenth century by Gustavus II Adolphus,
shows more than 2,000 coats of arms in its main hall.

Das Ritterhaus, gebaut Mitte des 17. Jahrhunderts von Gustav Adolf II., enthält in
seinem wichtigsten Raum über 2.000 Wappenschilder.

La Maison de la Noblesse, construite au milieu du dix-septième siècle par Gustave
Adolphe II : plus de 2.000 basons sont exposés dans sa salle principale.

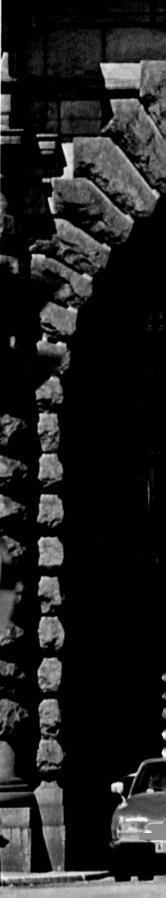

Trafikproblemen lyser helt med sin frånvaro på denna gågata intill höghusen mellan Kungsgatan och Sergels torg. I detta koncentrerade köpcentrum utbjudes varor och tjänster till hugade kunder.

Traffic congestion is absent in this quiet pedestrian street close to the skyscrapers at Sergels torg. You will find a concentrated commercial centre offering visitors a variety of institutions of all kinds.

Keine Verkehrsprobleme in dieser ruhigen Fußgängerstraße in der Nähe der Wolkenkratzer bei Sergels torg. Hier finden Sie ein Geschäftszentrum, das allen Ihren Bedürfnissen entsprechen kann.

L'encombrement de la circulation est absent dans cette rue tranquille réservée aux piétons près des grattes-ciel à Sergels torg. Vous y trouverez un grand centre commercial qui offre aux visiteurs une variété d'établissements de tous genres.

Klara kyrkas tornspira höjer sig som en alptopp över all den övriga bebyggelsen. Den totala höjden är 114 m, faktiskt 8 meter högre än själva Stadshustornet.

The spire of Clara Church rises up like a mountain over the surrounding buildings. It is 114 meters high, by 8 meters higher than the City Hall tower.

Der Turm der Kirche von St. Klara erbebt sich wie ein Berg über die umstehenden Gebäude. Der Turm ist 114 Meter hoch, 8 Meter höher als der Stadthallenturm.

L'aiguille de l'église Clara se dresse comme une montagne au dessus des édifices environnants. Elle a 114 mètres de haut, 8 mètres de plus que la tour de l'Hôtel de Ville.

Konserthuset, Ivar Tengbom skapelse av år 1926, tillsammans med den mot Hötorget placerade Orfeusgruppen av Carl Milles är verkligen två av huvudstadens allra främsta sevärdheter. Svenska Akademien, grundad år 1786, tillkännager härifrån den 10 december ett av många människor jorden runt otåligt avvaktat besked, som snabbt sprides världen runt, nämligen nominerandet av årets Nobelpristagare i litteratur.

The Concert Hall at Hötorget was created by Ivar Tengbom in 1926. The Hall and the delicious Orpheus group in front of it cast by Carl Milles are two of the most remarkable monuments of the capital. The Swedish Academy, founded in 1786, here announces its choice of the annual Nobel Laureate in literature on December 10th each year.

Die Konzerthalle bei Hötorget wurde 1926 von Ivar Tengbom gebaut. Die Halle und, davor, die anmutige Orpheus-Gruppe, entworfen von Carl Milles, sind zwei der bemerkenswertesten Denkmäler der Hauptstadt. Die Schwedische Akademie, gegründet 1786, kündigt hier jeden 10. Dezember ihre Wahl des Jahresnobelpreisträgers in Literatur.

La Salle des Concerts à Hötorget a été créée par Ivar Tengbom en 1926. La Salle et le délicieux groupe d'Orphée en face d'elle coulé par Carl Milles sont deux monuments parmi les plus remarquables de la Capitale. L'Académie Suédoise fondée en 1786, y annonce le 10 Décembre de chaque année le choix du prix Nobel annuel pour la littérature.

Strömparterren med "Solsångaren", en verkligt förnämlig staty
utgörande en dominerande blickpunkt med den skummande
Strömmen som en ytterst effektfull bakgrund.

The Stream Parterre and the supple silhouette in the guise of a
naked figure, "Solsångaren", "The Sun Singer", standing out
in bold relief.

Fluß mit geschmeidiger Silhouette einer nackten Figur,
"Solsångaren", "Die Sonnensängerin", die sich schwungvoll
emporhebt.

Le Parterre d'Eau et la silhouette souple sous l'aspect d'une
personne nue, "Solsångaren", "Le Chanteur du Soleil",
vigoureusement mis en relief.

Karl den XII:s torg med Opera-
huset och Norrbro i fonden.

Charles XII Square, the Opera
House and Norrbro (North
Bridge).

Plat Karl XII., das Opernhaus
und Norrbro (die Norbrücke).

La Place Charles XII, l'Opéra
et Narrbro (le Pont du Nord).

Jacobs kyrka, från Johan III:s dagar
med sin ovanligt rena och stilfulla
fasad. I förgrunden Molins fontän,
ännu en av Stockholms sevärdheter.

St. Jacob's Church with Molin's
fountain in front of it.
This beautiful temple orginates from
Johan III.

St. Jakobskirche mit dem Brunnen
von Molin. Diese schöne Kirche
stammt von Johannes III.

L'Eglise de Saint Jacob avec la
fontaine de Molin se dressant
devant elle. Ce beau temple a été
créé par Johan III.

Kungsträdgården, en salig blandning
av fontän, musikestrad och utsökt
gammalt hantverk, jättelika schack-
bräden, kiosker, ett flertal
restauranger samt Sverigehuset i
bakgrunden. Vintertid är till allas stora
nöje en skridskobana iordningställd.

Kungsträdgården, a harum-scarum
concotion of cafés, bandstand, old
honest craftwork displayed in
glass showcases, giant chess
boards, artificially frozen rink in
winter-time and many other
occasions.
A meeting-place for young and old.

En staty av vår stora hjälte-
konung Karl XII, omgiven av
fyra gamla mörsare. Folk-
humorn har döpt gruppen till
"ett lejon bland krukor".

A statue of the heroic Swedish
king Charles XII surrounded by
four mortars in a large open
green area has been called "a
lion amongst four pots".

Eine Statue des schwedischen
Heldenkönigs Karl XII.,
umgeben von 4 Mörteln, in
einer weiten Grünfläche,
berühmt auch als "der Löwe
zwischen den vier Töpfen".

Une statue de l'héroïque roi
Suédois Charles XII entouré
de quatre mortiers dans un
grand espace vert, a été
appelé "un lion entre quatre
pots".

Kungsträdgården, ein wildes
Durcheinander von Cafén,
Musikkapellen, alten
Handwerksgeschäften, riesigen
Schachbrettern, künstlich
gefrorenen Eisbahnen im Winter
und vielen anderen Unterhaltungen;
ein Treffpunkt für jung und alt.

Kungsträdgården, un mélange
impressionnant de cafés, kiosque à
musique, bon vieux artisanat
exposé dans des vitrines en verre,
échiquiers géants, patinoire glacée
artificiellement en hiver et
beaucoup d'autres occasions. Un
lieu de rencontre pour jeunes et
vieux.

◄

Sverigehuset, med en ljuvlig utsikt över Kungsträd-
gårdens grönska, ligger mitt emot NK, ett gammalt,
mycket välbekant varuhus vid Hamngatan.

The Swedish House opens on to Hamngatan and is
situated opposite to NK, the gigantic department store.

Das Schwedische Haus schaut nach Hamngatan und
liegt gegenüber N K, dem riesigen Kaufhaus.

La Maison Suédoise donne sur le Hamngatan et se
trouve juste en face de N K, le grand magasin
gigantesque.

►

Norrmalmstorg har på senare år berikats med en ny och
trivsam mötesplats "Palmhuset", en liten skön oas där
man gärna kopplar av från dagens jäkt och oro.

Norrmalmstorg, "The Norrmalm's Square", was in recent
years endowed with a cosy pavement café, called "The
Palm House".

Norrmalmstorg, "Der Platz von Norrmalm", an dem
kürzlich ein anmutiges Pflastercafé eröffnet wurde, das
sogenannte "Palmenhaus".

Norrmalmstorg, "La Place de Norrmalm", a été
récemment dotée d'un gentil café sur le pavé, qui
s'appelle "La Maison des Palmes".

Ett verkligt fängslande nattligt feeri. Till höger på Blasieholmskajen framför Nationalmuseum, ser vi Carl Milles mycket effektfulla bronsskulptur "Vingarna" – Till vänster ses det gamla segelfartyget *af Chapman* för ankar framför Skeppsholmen. Hon används numera enbart **som** vandrarhem samt har konditoriservering sommartid.

Carl Milles striking bronze sculpture "The Wings" at the Blasieholmen quay in front of the National Museum in seen to the right, while the old nineteenth-century windjammer *af Chapman* illuminated by night nowadays serving as a youth hostel is at anchor to the left.

Links: "Die Flügel", die wunderschöne Bronzestatue von Carl Milles, bei dem Blasienholmen Kai, gegenüber dem Nationalmuseum. Rechts: Das alte Segelschiff *"af Chapman"* aus dem 19. Jahrhundert, vor Anker bei Nachtlicht, wird heute als Jugendherberge gebraucht.

La saisissante sculpture en bronze de Carl Milles "Les Ailes" au quai Blasieholmen, devant le Musée National, se trouve à droite, tandis qu'à gauche est ancré le vieux voilier du dixneuvième siècle *"af Chapman"* illuminé la nuit, qui sert actuellement d'auberge de jeunesse.

Ännu en bild av det gamla, mycket vackra segelfartyget *af Chapman* med Skeppsholmen i fonden.

Another picture of the windjammer *af Chapman*. Skeppsholmen in the background.

Ein anderes Bild des Segelschiffes *"af Chapman"*. Im Hintergrund: Skeppsholmen.

Un'autre image du grand voilier *"af Chapman"*. A l'arrière-plan Skeppsholmen.

Skeppsbron med sina verkligt vackra handelshus samt vid kajen den långa raden av kryssningsfartyg.

Skeppsbron, the quayside of the Old Town, lined up with crusiers and offering glimpses of old merchants' houses.

Skeppsbron, das Ufer der Altstadt, mit den Segeljachten und dem flüchtigen Anblick alter Kaufmannswohnungen.

Skeppsbron, le quai de la Vieille Ville, avec les croiseurs alignés et qui offre des visions rapides des vieilles maisons des marchands.

Slussen, som helt byggdes om på 30-talet, med sin invecklade trafikkarusell.

The complicated traffic roundabout at Slussen.

Der verwickelte Verkehr rund um Slussen.

La circulation compliquée autour de Slussen.

◄ På Djurgårdssidan ser vi den byggnad vari vårt Regalskepp Vasa ett kärt mål, är placerat.

The grey building facing the sea is the well known museum housing the warship Vasa.

Das graue Gebäude vor der Meer ist das berühmte Museum, wo das alte Kriegsschiff Vasa aufbewahrt wird.

L'édifice vert face à la mer est le musée très connu qui abrite le vieux vaisseau de guerre Vasa.

▶

Från konditori "Fåfängan" har vi
en underbar utsikt över
Strömmen och vår vackra stad.

The café "Fåfängan" ("Vanity")
offers a splendid view of the city
and its approaches.

Das Café "Fåfängan" (Eitelkeit)
bietet eine wunderschöne
Aussicht auf Stadt und
Umgebung.

Le café "Fåfängan" ("Vanité")
offre une vue splendide de la
ville et de ses voies d'accès.

En skymningsbild över Stadshuset.

Stockholm City Hall by twilight.

Stockholms Stadthalle bei
Sonnenunterrrrgang.

L'Hôtel de Ville de Stockholm au
crépuscule.

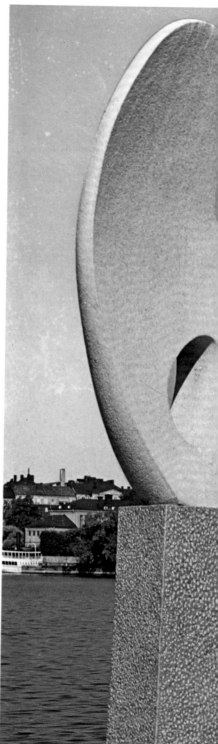

Stadshuset är ett av Sveriges allra vackraste monumentalbyggnader. Ragnar Östberg, vår internationellt erkände arkitekt, ritade det och byggnationen pågick under åren 1911– 1923. Invigningen skedde till minne av Gustav Vasas segerrika intåg i Stockholm och därmed lade grunden till konungariket Sveriges framtida självständighet.

Majestätiska röda granitpelare uppbär arkaden i Stadshusets södra fasad. Engelbrektskolonnens silhuett avtecknar sig mot Riddarholmens byggnadsverk med den vackra kyrkan. Blicken sveper över Gamla Stan med Storkyrkan och Tyska kyrkan och vidare bort mot Söders verkligt imponerande höjder.

Imposing columns in red granite support the south facade of the City Hall. The silhouette of the Engelbrekt column is outlined against the panorama stretching from The Cathedral of the Old Town via the buildings of Riddarholmen far away to the heights of the mountains of Södermalm.

Mächtige Säulen aus rotem Granit stützen die südliche Fassade der Stadthalle. Die Silhouette der Engelbrekt-Säule hebt sich vom Hintergrund ab: Die Kathedrale der Altstadt, die Gebäude von Riddarholmen und - in der Ferne - die Berge von Södermalm.

Des colonnes imposantes en granit rouge soutiennent la façade sud de l'Hôtel de Ville. La silhouette de la colonne de Engelbrekt se profile sur le panorama qui s'étend de la Cathédrale de la Vieille Ville à travers les édifices de Riddarholmen jusqu'aux sommets lointains des montagnes de Södermalm.

The City Hall is one of Sweden's most beautiful monumental buildings. It was designed by the architect Ragnar Östberg and built in the years 1911–1923, when it was inaugurated on the 400th anniversary of the entry into Stockholm of Gustavus Vasa who reinstated the national Swedish kingdom.

Die Stadthalle ist eines der schönsten Monumentalgebäuden Schwedens. Der Entwurf stammt vom Architekten Ragnar Östberg. Die Stadthalle wurde in den Jahren 1911-1923 gebaut. Die Eröffnung fand am 400sten Jahrestag des Einzugs in Stockholm von Gustav Vasa, der das nationale Königreich Schweden wieder eingesetzt hat, statt.

L'Hôtel de Ville est un des plus beaux édifices monumentaux de la Suède. Il a été dessiné et construit par l'architecte Ragnar Östberg, entre 1911 et 1923, quand il fut inauguré pour le quatre centième anniversaire de l'entrée à Stockholm de Gustave Vasa qui réintegra le royaume national de Suède.

Stadshusets altan vettande mot sjön, in-ramad av eldröda vinrankor. Till vänster Carl Elds underbart vackra staty "Dansen". Samme skulptörs smäckra skapelse "Sången" syns som en direkt pendang stående till höger.

To the left the City Hall balcony facing the seaside is flanked by the delightful statue "Dansen", "The Dance", created by Carl Eld. On the apposite side this slender adolescent symbolizes "The Song".

Links: die Terrasse der Stadthalle mit Blick auf das Meer. Auf der einen Seite befindet sich die anmutige Statue von Carl Eld "Dansen", "Der Tanz", während auf der gegenüberliegenden Seite der schlanke Jüngling "Das Lied" darstellt.

Le balcon de l'Hôtel de Ville qui donne sur la mer est encadré du coté gauche par la ravissante statue "Dansen", "La Danse", créée par Carl Eld, de l'autre coté par cet adolescent mince qui symbolise "Le Chant".

Alldeles intill Stadshustornet återfinns Birger Jarls cenotafium, det symboliska vilorummet för den man som grundade vår huvudstad anno 1252, under medeltiden.

Close to the City Hall Tower you will find the cenotaph, the symbolic resting-place of Birger Jarl who founded Stockholm in 1252 in the middle of the Middle Ages.

In der Nähe des Stadthallenturm liegt das Ehrengrab, die symbolische Ruhestätte von Birger Jarl, der 1252 -mitten im Mittelalter - Stockholm gründete.

Près de la Tour de l'Hôtel de Ville, vous trouverez le cénotaphe, le lieu de repos symbolique de Birger Jarl, qui fonda Stockholm en 1252, en plein Moyen Age.

Längst upp t.v. ses Blå Hallen med dess golv av vit marmor.

Up to the left the Blue Hall with its floor of white marble.

Links oben: Die "Blaue Halle" mit dem Fußboden aus weißem Marmor.

En haut à gauche la Salle Bleu avec son sol en marbre blanc.

Bilden under visar Rådssalen.

The picture below shows the Council Hall viewed from the press gallery.

Das untere Bild zeigt den Sitzungssaal, gesehen von der Pressegalerie.

L'image au dessous montre la Salle du Conseil, vue de la gallerie de la presse.

lene Salen i Stadshuset är magnifikt dekorerad. På dess norra
gg ser vi ett sagolikt vackert blickfång nämligen den
nonumentala fresken "Mälardrottningen".

e monumental fresco shows the "Mälaren Queen" and is the
ual field of the northern wall of the magnificently decorated
lden Hall.

Das riesige Fresko stellt die "Mälaren-Königin" dar und
befindet sich an der nördlichen Wand der prächtig
geschmückten "Goldenen Halle".

La fresque monumentale représente la "Reine Mälaren" : c'est
le champs visuel du mur Nord de la Salle Dorée qui est
magnifiquement décorée.

Det fyrkantiga Stadshustornet inhyser ett museum med bl.a. utkast till en gigantisk staty av Stockholms skyddshelgon Sankt Erik.

The square City Hall tower also houses a museum including a sketched giant statue of St. Erik, the town's own patron.

Der vierkantige Stadthallenturm beinhaltet auch ein Museum mit dem Entwurf einer Riesenstatue von St. Erich, dem Schutzheiligen der Stadt.

La tour carrée de l'Hôtel de Ville abrite aussi un musée dans lequel se trouve le croquis d'une statue géante de Saint Erik, le patron de la ville.

Strömmen, med ett par av dess broa förgrunden, flankeras här av Rosenba det nya regeringspalatset till vänster samt med Gamla Stan och Riddarholmen till höger.

The "Stream" with a couple of bridge in the foreground is flanked by the ne government palace "Rosenbad" to th left and the Old Town with Riddarholmen to the right.

Längst ned till höger ser vi en vy tage från Stadshustornet över Norr Mälarstrand och med Västerbron avlägset i bakgrunden.

Down to the right Norr Mälarstrand wit Västerbron at a distance are viewed from the City Hall tower.

Der "Fluß" mit einigen Brücken im
Vordergrund; am linken Ufer erhebt
sich das neue Regierungsgebäude
"Rosenbad", während man auf dem
rechten Ufer die Altstadt mit
Riddarhorflmen erblickt.

Le "Parterre d'Eau" avec deux ponts au
premier plan est encadré à gauche par
le nouveau palais dugouvernement
"Rosenbad" ed à droite par la Vieille
Ville avec Riddarholmen.

Rechts unten: Norr Mälarstrand mit
Västerbron aus der Ferne, gesehen aus
der Stadthalle.

En bas à droite on voit à quelque
distance Norr Mälarstrand avec
Västerbron ; la vue est prise du balcon
de l'Hôtel de Ville.

En vacker vy över Stureplan och Kungliga Dramatiska Teatern.

A view from Stureplan. and the Royal Dramatic Theatre.

Stureplan und das königliche Dramentheater.

Une vue prise de Stureplan et le Théatre Dramatique Royal.

Strandvägen eller "Ströget" societetsgatan med sin långa rad av våra dåtida, förmögna, borgares verkligt pampiga hus, vettande ut mot en av Storstadens allra längsta kajer.

Strandvägen, the upper ten boulevard with houses pertaining to the wealthy bourgeoisie lining one of Stockholm's longest embarkment quays.

Die vornehme Strandvägen, mit Häusern der wohlhabenden Gesellschaftsschicht, ist eine der längsten Uferstraßen Stockholms.

Strandvägen, le boulevard supérieur avec les maisons de la riche bourgeoisie, qui longent un des plus longs quais de Stockholm.

Nordiska Museet, ett verkligt kulturcentrum. På Djurgården finns även friluftsmuseet Skansen, grundat av Artur Hazelius.

The Northern Museum is the first Building we meet at Djurgården, where the Park of Skansen is situated.

Das "Museum des Nordens" ist das erste Gebäude, dem wir in Djurgården, wo sich der Skansenpark befindet, begegnen:

Le Musée du Nord est le premier édifice que l'on rencontre à Djurgården, là où se trouve le Parc de Skansen.

Skansen bjuder oss många attraktioner som spelmän och folkdanslag iförda sina färgstarka gammaltida nationaldräkter. Många timrade byggnader från landets alla delar finns här, omsorgsfullt restaurerade, med interiörer från förr.

Skansen offers many attractions, including performances of folk groups in their bright and colorful national dresses. Timbered buildings, collected from all parts of Sweden, have been carefully re-located and restored.

Skansen bietet viele Unterhaltungsmöglichkeiten, u.a. Vorführungen von Folk-Gruppen, in ihren heiteren und bunten Trachten. Aus Holz gebaute Häuser wurden aus allen Teilen Schwedens gesammelt und hier sorgfältig wieder aufgebaut und restauriert.

Skansen offre un grand nombre d'attractions, y compris les spectacles des groupes folkloriques avec leurs costumes nationaux vifs et colorés. Des constructions en bois qui proviennent de toutes parts de la Suède, y ont été reconstruites et restaurées avec soin.

På Skansens Zoo kan vi få se såväl tama som vilda djur. Vargen, järven, räven samt björnen, skogens konung, är alla en verkligt viktig del av vår så rikliga vildmarksfauna.

A fine collection of both domestic and exotic animals is to be seen in the Skansen Zoo. The wolf, the wolverine, the bear, are some of the most representative swedish wild faunas.

Im Skansen-Zoo können Sie eine Anzahl von heimischen und exotischen Tieren sehen. Der Wolf, die Wölfin, der Bär sind einige der wichtigsten Tiere der wilden Fauna Schwedens.

Dans le Zoo de Skansen on peut voir un beau groupe d'animaux domestiques et exotiques. Le loup, le glouton, l'ours sont des exemplaires parmi les plus caractéristiques de la faune sauvage de la Suède.

Västerbron, en av våra äldsta broar, förenar Kungsholmen och Södermalm med sitt mäktiga spann över Riddarfjärden, en populär plats för bad och segling.

Västerbron, a mighty bridge connecting Kungsholmen with Södermalm, overspreads the waters of Riddarfjärden, a popular spot for sailing and bathing.

Västerbron, die mächtige Brücke die Kungsholmen mit Södermalm verbindet, zieht sich über die Gewässer des Riddarfjärden, ein beliebter Segel- und Schwimmplatz.

Västerbron, un pont grandiose qui relie Kungsholmen à Södermalm, s'étend sur les eaux de Riddarfjärden, un endroit en vogue pour la voile et les bains.

är ser vi Skanstullsbron med
en gamla väderkvarnen, dess
ögst karakteristiska blickfång, i
rgrunden.

ne Skanstull bridge with the
haracteristic windmill in the
oreground.

ie Skanstull Brücke mit der
harakteristischen
Vindmühle im Vordergrund.

e pont de Skanstull avec le
noulin à vent caractéristique
u premier plan.

Wenner-Gren Center, en monumen
byggnad avsedd för ett stort antal
forskare på olika områden. Dessa s
här under varierande tid få möjligh
att arbeta helt ostörda.

The Wenner-Gren Center building
monumental skyscraper where
research in many various field is
performed.

Das Gebäude des Wenner-Gren
Centers ist ein riesiger
Wolkenkratzer, wo Forschungen in
vielen Gebieten stattfinden.

L'èdifice du Centre Wenner-Gren es
un gratte-ciel monumental où on fait
des recherches dans plusieurs
domaines.

Sveriges motsvarighet till West
Point för officersutbildning har
varit Karlbergs slott, som här ses
spegla sig i den verkligt idylliska
Karlbergskanalen.

Karlberg's Castle close to the
idyllic Karlberg channel is an
institution for the training of
officers, a Swedish "West Point
Academy".

Das Schloß Karlberg, im der
Nähe des idyllischen
Karlbergs Kanals, ist eine
Einrichtung für die Ausbildung
von Offizieren, eine
schwedische "West Point
Academy".

Le Château de Karlberg, près
de l'idyllique canal de Karlberg
est une institution pour la
formation des officiers, une
Suédoise "Académie de
West-Point".

Från Kaknästornet erbjuds vi även nattetid en magnifik vy över den Kungliga huvudstaden.

The Kaknäs Tower even at night offers a superb panorama across the capital.

Der Kaknäs Turm bietet auch nachts einen wunderschönen Ausblick auf die Hauptstadt.

La Tour Kaknäs offre même la nuit un panorama splendide de toute la Capitale.

Denna monumentala byggnad, unik i sitt slag, är placerad i en synnerligen naturskön omgivning. Det skulle verkligen vara ovanligt om man på någon annan plats kunde få se en så lantlig scen som dessa fridfullt betande får med ett så hypermodernt byggnadsverk som detta i bakgrunden.

This monument with a character completely of its own has been established in an utmost natural environment. It would be difficult to find anywhere else a pastoral scene of a peacefully grazing sheep in the vicinity of such a hypermodern construction.

Dieses seltsame und aparte Denkmal wurde in einer äußerst natürlichen Umgebung aufgestellt. Es ist schwer, irgendwoanders eine Hirtenszene von friedlich weidenden Schafen in der Nähe einer so übermodernen Konstruktion zu finden.

Ce monument d'un genre tout à fait particulier, a été placé dans un milieu autant que possible naturel. Il serait bien difficile de trouver ailleurs une scène pastorale d'une brebis qui broute tranquillement si près d'une pareille construction ultramoderne.

Millesgården på Lidingö utställer Carl Milles många verk.
Han var utan tvekan en av Sveriges största skulptörer.

Millesgården on Lindingö, displays the work of Carl Milles,
one of Sweden's most distinguished artist.

Millesgården bei Lidingö, wo wir die Werke von Carl
Milles, Schwedens ausgezeichnetstem Künstler, finden.

Millesgården sur Lidingö, montre l'œuvre de Carl Milles,
un des plus grands artistes Suédois.

Sjöguden Poseidon.

The Seagod, Poseidon.

Poseidon, der Meeresgott

Le dieu de la mer, Poseidon.

Guds Hand.

The Hand of God.

Die Hand Gottes.

La Main de Dieu.

Människan och den bevingade hästen "Pegasus".

Man and the winged Horse "Pegasus".

Der Mensch und das beflügelte Pferd "Pegasus".

Un homme et le Cheval ailé "Pégase".

En av Stadens mest populära vyer är den med Slottet
och Skeppsbrons alla gamla, vackra handelshus
flankerande Storkyrkan med dess karaktäristiska
silhuett.

One of the most popular sights is the view of the Royal
Palace and the houses of the merchant families at
Skeppsbron, flanking the characteristic silhouette of
Storkyrkan, "The Great Church".

Eine der beliebtesten Aussichten: Der Königspalast und
die Wohnungen der Kaufmannsfamilien bei Skeppsbron;
in der Nähe sehen wir die charakteristische Silhouette
von Storkyrkan, "Der Großen Kirche".

Une des vues les plus connues est celle du Palais Royal
et des maisons des familles des marchands à
Skeppsbron, qui encadrent la silhouette typique de
Storkyrkan, "La Grande Eglise".

Stadshuset i vintrig skrud vid den isbelagda Mälaren.

The City Hall, in an wintry environment at the shore of the ice-covered Lake Mälaren.

Die Stadthalle, in einer winterlichen Umgebung, am Ufer des eisbedeckten Mälaren-Sees.

L'Hôtel de Ville dans une ambiance d'hiver au bord du Lac Mälaren couvert de glace.

Vid Strömkajen utanför Grand Hotell inväntar en stor skara svanar ännu en ny vår med solsken och värme. I bakgrunden ses Riksdagshuset, snart är dess ledamöter tillbaka efter att under några år varit tillfälligt placerade i Kulturhuset vid Sergels torg.

A multitude of swans await the arrival of spring at the quay close to Grand Hotel.
In the background the old Parliament Building, symbolizing the democracy so characteristic of the Swedish way to living.

Eine Vielzahl von Schwänen wartet auf den Frühling, beim Kai in der Nähe des Grand Hotels. Im Hintergrund: Das alte Parlamentgebäude symbolisiert die Demokratie, die den schwedischen Lebensstil so stark charakterisiert.

Une multitude de cygnes attend l'arrivée du printemps au quai près du Grand Hôtel. A l'arrière-plan, l'édifice du Vieux Parlement qui symbolise la démocratie tellement caractéristique de la façon de vivre Suèdoise.

© 1988 SA-MAR AB Stockholm
Photographs & book design. Dino Sassi
Text: Bengt Kyhle
Translations by Studio Sandonà · Milan

Graphic consultant: Renzo Matino
Printed by KINA ITALIA S.p.A., Milan, Italy

ISBN 91-970468-5-X